AF456124

CONSIDÉRATIONS

SUR LE

DROIT DIVIN DES ROIS

LA

CHARTE DE 1814

ET LES TRAITÉS DE 1815

LAVAL

TYPOGRAPHIE DE A. MARY-BEAUCHÊNE,

Place des Arts, 2.

1867

AVANT-PROPOS.

Il y a quatre ans, lorsque cette brochure parut pour la première fois, les circonstances ne permettaient guère que les idées qu'elle présente, pussent attirer l'attention. Les raisonnements ne frappent les esprits qu'à la condition d'être éclairés par les faits. Mais aujourd'hui, au milieu des vives préoccupations du jour, quand les esprits, partout en proie à un vague sentiment d'inquiétude, se portent avec empressement sur toutes les hauteurs qui s'offrent devant eux pour chercher à voir venir de loin les événements, et à pressentir leur nature; peut-être ne lira-t-on pas sans intérêt les courtes et simples considérations dont la situation actuelle de l'Europe semble présenter un commentaire dont l'application devient chaque jour plus évidente.

Prises, en effet, d'un point de vue philosophique, dans la topographie du monde moral, d'où la vue peut s'étendre au loin dans le passé comme dans l'avenir, ces considérations nous signalent, comme la source principale des complications et des périls où nous voyons s'agiter les gouvernements, des faits accomplis, il y a plus d'un demi-siècle. Mais tout s'enchaîne dans le cours des choses humaines ; et les principes bons ou mauvais amènent toujours leurs conséquences. Les développements de ces faits posés il y a cinquante ans, ont donc amené, selon nous, l'éclosion de ce prétendu droit nouveau dont l'Europe recueille les fruits amers ; et si ces développements suivent leur voie logique, aprés avoir poussé l'humanité aux dernières limites de la souffrance, ils pourraient bien ramener la société, instruite par ses malheurs, dans les sentiers de l'ancien droit dont ces faits n'avaient été qu'une violation manifeste.

C'est pour hâter un tel résultat, selon notre pouvoir, qu'en nous déterminant à rééditer cette brochure dans les circonstances présentes, après y avoir ajouté diverses notes et réflexions nouvelles, nous croyons devoir signaler à l'attention de nos concitoyens quelques pages sur la

Charte et les Traités de 1815 qu'un éminent publiciste, M. l'abbé Fayet, a bien voulu nous communiquer et que nous sommes heureux de pouvoir insérer dans notre travail, qu'elles nous semblent éclairer et pleinement confirmer. Les faits historiques qu'elles rappellent avec les circonstances au milieu desquelles ils se sont produits, leur ordre, leur rapprochement, ainsi que les observations qui les accompagnent, nous paraissent avoir une importance qui n'échappera à personne et seront pour tous, nous l'espérons, comme un rayon de lumière qui, en jetant un jour éclatant sur une époque déjà éloignée et malheureusement trop ignorée de notre histoire, permettra et fera vivement sentir la nécessité de remonter dans le passé jusqu'au point où s'est faite la déviation des vrais principes, si l'on veut bien comprendre les événements qui s'accomplissent de nos jours et apprécier à leur juste valeur les hommes et les choses d'un passé néfaste dont nous subissons toujours les terribles conséquences. Tout homme a le devoir, quand la Société souffre, de chercher la cause de ce malaise, et d'indiquer ce qui, dans sa conviction, peut en être le remède.

L'homme s'agite et Dieu le mène, a-t-on dit souvent. C'est cette vérité dont nous nous sommes efforcé de faire ressortir l'évidence dans les réflexions que nous donnons ici et où l'on peut voir l'impuissance de l'homme à s'affranchir des lois de sa nature qui sont des lois divines, puisque tous ses efforts pour s'y soustraire, n'aboutissent qu'à le maintenir avec plus de force et d'éclat sous leur empire, en détruisant et en faisant disparaître l'erreur par la grandeur de ses victoires, oomme en faisant triompher la vérité par la défaite et quelquefois même par le martyre de ses défenseurs.

CONSIDÉRATIONS

SUR LE

DROIT DIVIN DES ROIS

LA CHARTE DE 1814

ET LES TRAITÉS DE 1815

I.

Lex fit consensu Populi et constitutione Regis.

Une nation n'est pas le produit des combinaisons de l'homme, un composé de pièces et de morceaux de territoire dont l'étendue se forme par juxtaposition ; mais bien l'œuvre de Dieu, une création divine appartenant à la nature organisée et vivante, composée ainsi que l'homme de matière et d'esprit, dont le développement et le perfectionnement s'opèrent par intussusception, par l'expansion des germes de vie déposés au sein de l'humanité, par l'aspiration et l'action libre des volontés vers le même idéal illuminant et guidant les intelligences, sous l'influence des mêmes circonstances extérieures, dans le cercle tracé par la main du Créateur et qu'il lui a plu d'assigner pour limite à chaque peuple (1).

La manifestation, la vue, le reflet de l'idéal, de l'idée, ce rayon de la splendeur divine, nuancé par les divers éléments auxquels il s'applique, par les circonstances dans lesquelles il se produit, tel est le milieu où s'accomplissent et se succèdent les générations ou les actions du genre humain (de *generis actus*) et qui constitue réellement une nation, c'est-à-dire, dans lequel naissent et se tiennent ensemble les individus qui la composent, car ce milieu est l'espace où ils se meuvent, la lumière qui les éclaire et dont se nourrit leur intelligence.

Quel est l'idéal, l'idée, dont l'apparition sur la terre de France a condensé ses éléments, produit sa force motrice, est devenu sa pensée dominante, son âme, sa vie ? car, a dit un poëte :

L'homme vit par son âme, et l'âme est la pensée.

(1) C'est pour cela que les remaniements de la carte du monde par suite des conquêtes ou des traités imposés par la force, ne sont presque toujours qu'une œuvre factice et condamnée tôt ou tard à périr. Création artificielle élaborée par les volontés humaines, ces remaniements ne sauraient prévaloir contre les lois fondamentales qu'ils ont violées, contre l'esprit national des peuples qu'ils ont froissé ; ils ne durent que par la compression et ne produisent que le malaise « jusqu'à ce que l'invincible nature, comme dit J.-J. Rousseau, ait repris ses droits. »

Cet idéal n'est autre chose que l'idéal catholique, la lumière même qui éclaire ici-bas la marche de l'humanité; mais ce qui distingue éminemment la nation française et la place au premier rang parmi toutes les autres, c'est une intelligence plus étendue, plus vive et plus profonde, une pratique plus sincère et plus exacte de la loi éternelle, immuable, qui place le lien de l'humanité dans la soumission et l'assentiment des peuples au droit, à la constitution du droit; loi contenue et résumée dans cette maxime : *Lex fit consensu Populi et constitutione Regis,* que la France n'a cessé de reconnaître ou de chercher à réaliser dans tous les temps, comme le symbole et le fondement de son existence (1) ; car dans l'idéal du peuple français et considéré comme institution, *le Roi (rex de recte),* ce n'est pas l'homme privé, dans sa faiblesse native, pouvant agir en dehors et indépendamment du droit; mais au contraire, ainsi que l'indique le mot institution (de *stare, sistere in*), c'est l'homme revêtu de la puissance politique, destiné à refléter la lumière divine dans la di-

(1) Cette maxime, largement interprétée, est en effet la plus pure expression du type idéal de toute constitution politique. Elle pose à la fois le principe d'autorité et le principe de liberté et les concilie dans une indissoluble unité; mais pour en bien saisir le sens profond, il faut s'élever au point de vue de notre esprit national.

rection du gouvernement, et personnifiant le droit où il a été établi, pour y maintenir par son action la société, de même que le câble de sauvetage fixé sur la rive pour affermir la barque contre l'entraînement des courants.

Tel est l'idéal dont le triomphe, poursuivi avec un dévouement sans bornes et une rare intelligence, a été le but constant des efforts de la nation française et en a fait le foyer concentrique de la lumière qui éclaire le monde, le plus puissant réflecteur de la raison divine. Il est impossible, en effet, d'arrêter un instant ses regards sur cette admirable maxime si solennellement proclamée par la France, sans y voir aussitôt briller du plus vif éclat, à travers les siècles, le plus pur reflet de la volonté même du Très-Haut, telle qu'il la manifesta aux Hébreux, lors de la promulgation de la loi par la voix de Moïse. Car, cette loi présentée au peuple a été écrite sous la dictée du Ciel, elle est l'expression directe de la volonté de Dieu, sa pensée intime, déterminée et arrêtée en lui, par conséquent constituée en lui et par lui. C'est la Constitution du *Roi* par excellence, du *Droit* par essence. Cependant, cette pensée intime de Dieu résidant en lui et subsistant en dehors et indépendamment du peuple auquel elle est présentée, Dieu veut que le peuple la reconnaisse, qu'il y adhère par son assentiment, qu'il s'y attache par le nœud de sa volonté (1). C'est la terre ferme en vue du navigateur, le rivage vers lequel doivent tendre tous ses vœux, se diriger tous ses efforts, où l'attendent la paix et le repos et où il ne peut néanmoins demeurer et trouver une sécurité complète s'il ne s'y attache lui-même par un lien volontaire.

C'est ainsi que la clarté du flambeau allumé en nous, nous découvre, comme les deux éléments de toute société, *l'Autorité*, ou l'action de l'auteur suprême de la nature, produisant le lien de l'humanité, *la Loi, l'ordre,* c'est-à-dire l'humanité toute faite, unie et liée par un mode déterminé d'existence dans son ensemble et dans l'harmonie de toutes ses parties, et *la Liberté* ou l'action de l'homme, produisant ou plutôt reproduisant, rétablissant ce lien malheureusement brisé, cet ordre détruit, cette harmonie disparue, en s'unissant à *l'Autorité* par la conformité élective, spontanée des volontés aux commandements divins qui ne sont autre chose que la lumière (*lex lux et via vitæ*) et la voie conduisant l'humanité à sa fin, c'est-

(1) « Il faut remarquer que Dieu n'avait pas besoin du consen- « tement des hommes pour autoriser sa loi, puisqu'il est leur « créateur et qu'il peut les obliger à ce qu'il lui plaît ; et toute- « fois pour rendre la chose plus solennelle et plus ferme, il les « oblige à la loi par un traité exprès et volontaire. » Bossuet, *Politique).*

à-dire, la souveraine félicité, centre vers lequel gravitent les intelligences.

Dans ce mouvement de gravitation universelle, immense, profond, irrésistible, imprimé à l'humanité et s'opérant par l'accord de deux forces distinctes, chercher cette fin hors de la voie qui y conduit, s'efforcer pour l'atteindre, de suspendre, d'entraver la liberté de l'une des deux forces dont elle est la résultante, n'est-ce pas se mettre en révolte contre Dieu même qui a donné à l'homme le libre arbitre avec la lumière de la conscience pour l'éclairer ? N'est-ce pas se placer comme obstacle au mouvement vital de la société et faire naître ainsi le trouble, l'agitation et les conflits dans l'accomplissement de sa marche, sans pouvoir toutefois en changer la direction, car la volonté de Dieu subsiste éternelle et immuable *(veritas Domini manet in æternum)* ?

Que si, en présence de certains résultats déplorables, obtenus de nos jours par le suffrage universel et des moqueries dont le droit divin des Rois (1) est l'objet parmi

(1) En France et dans la langue politique usuelle, on a toujours considéré le droit divin des Rois comme une seule et même chose avec le pouvoir absolu dont il est toute la raison d'être ; et en effet, s'il est rigoureusement exact de dire que tout droit est divin, ne conférer, par exception, exclusivement et en opposition à

nous, quelques-uns se méprenant sur le sens et la portée de ces moqueries et croyant y voir une attaque dirigée contre la divinité même du Droit, se trouvaient disposés à se réfugier dans le pouvoir absolu du Roi, comme dans le principe même du Droit, unique sauvegarde de la société menacée, nous les prierions de vouloir bien considérer que ces moqueries dont ils s'offensent peut-être comme d'un blasphème, loin de s'adresser à la divinité du droit même, ne tombent en réalité que sur la folle prétention de l'homme de s'en attribuer la source et le privilége exclusif. Car, se parer d'une grandeur d'emprunt, chercher près de ceux qui nous ont élevés en honneur et en dignité, à s'en prévaloir comme d'un avantage personnel et qui a quelque chose de divin en nous, n'est-ce pas le comble de l'extravagance ? Comment s'étonner dès-lors, de voir une telle prétention provoquer

tout droit, le titre de Divin qu'au seul droit du Roi, n'est-ce pas l'élever et le placer au-dessus de tous les autres droits, le proclamer le droit unique et absolu dans lequel tous les autres doivent s'absorber et disparaître, car Dieu seul est absolu, et, quand il a parlé l'homme n'a plus qu'à se taire ? N'est-il pas évident dès-lors qu'il n'existe plus de base pour la liberté ? Et cependant l'homme est un être libre !

En réalité, entendu exactement et dégagé de toutes les confusions et exagérations des partis, le droit divin des Rois n'est que le droit national des peuples, c'est-à-dire la ligne droite conduisant les peuples à leur fin.

une éclatante réaction dans cette nation française, si profondément dominée par le sentiment du droit et de la justice, et attirer sur ses auteurs les terribles effets de la colère du peuple, empreinte de cette amère et sanglante raillerie par laquelle l'auteur de la vie rappela le premier homme au sentiment de son néant, lorsqu'il lui dit, en le chassant du lieu de délices où il l'avait placé : « Voici qu'Adam est devenu un Dieu ! » *(Ecce Adam sicut unus ex nobis similis factus est.* — GENÈSE. 22.)

Loin donc de voir dans ces railleries et les catastrophes qu'elles provoquent, des attaques dirigées contre la divinité du droit en lui-même, ne faudrait-il pas plutôt y reconnaître un de ces châtiments éclatants offerts parfois en spectacle aux générations, pour que l'idée de la justice de Dieu ne se perde pas parmi les enfants d'Adam et pour leur rappeler, quand ils l'oublient, l'inévitable confusion où vient aboutir l'orgueil de ceux qui cherchent à s'égaler à lui, en s'attribuant le mérite de sa puissance.

Qui exaltat se humiliabitur.
Dispersit superbos mente cordis sui.

Enfin, à tous ceux qui prétendraient s'élever contre l'importance et la nécessité de l'accord du consentement du Peuple avec la Constitution du Roi, nous pourrions répondre comme Pascal s'adressant aux ennemis de la religion : « Que tous ceux qui combattent notre religion politique apprennent au moins quelle elle est, avant que de la combattre. » Si elle présentait la volonté du peuple comme une règle de conduite seule suffisante pour le conduire à son bonheur, comme le principe du droit, ce serait la combattre que de montrer son insuffisance pour atteindre ce but, pour produire le droit ; mais puisqu'elle dit, au contraire, que sa valeur et sa force résident dans son union avec le droit ; et enfin, si elle travaille également à établir ces deux choses : la préexistence du DROIT comme source de la puissance pour l'homme et la nécessité où il se trouve de s'y attacher par sa volonté, c'est-à-dire, le bien-être et le pouvoir de l'homme dans le droit, sa misère et sa faiblesse hors du droit, quel avantage peuvent-ils tirer, lorsque, dans le mépris qu'ils professent pour l'assentiment du peuple, ils crient que rien ne leur en montre la puissance, puisque cette impuissance qu'ils objectent, ne fait qu'établir une des choses que soutient notre maxime sans toucher à l'autre, et confirme sa doctrine bien loin de la ruiner ? (Voir PASCAL, *De la nécessité d'étudier la religion.)*

II.

> La révolution politique et religieuse, tout à la fois, est unesuite des lois générales de laconservation des Sociétés, et comme une crise terrible et salutaire, par laquelle la nature rejette du corps social les principes vicieux que la faiblesse de l'autorité y avait laissé introduire et lui rend sa santé et sa vigueur première.
>
> *(Gazette de France).*

Si, comme l'a dit un philosophe chrétien, il y a plaisir à être sur un navire battu par la tempête, lorsqu'on est assuré qu'il ne périra point, il semble que le moment est venu pour les hommes de principes de s'affermir dans leur foi et de fixer leur attention, afin d'assister à la débâcle complète de l'ordre des choses, ou plutôt du désordre des choses, fondé par la Charte et les traités de 1815 (ces œuvres sacriléges conçues et hypocritement placées sous l'invocation de la Sainte-Trinité, par la Révolution, en travers du mouvement vital des nations), s'écroulant de toutes parts et s'abîmant sans retour sous les efforts et dans les convulsions de l'anarchie dont la violence, épurant et faisant remonter les aspirations de l'humanité, finira par l'élever jusqu'à la possession de cette *Ère nouvelle* entrevue par le génie chrétien de Châteaubriand.

Lorsque, par ignorance ou mépris des lois éternelles et immuables dans le cercle desquelles a été constitué le domaine de la vie et de la liberté humaines, les nations ont été placées sous la domination d'un fait contraire à ces lois ; lorsqu'ainsi privées de leur entière liberté, elles se trouvent engagées dans un courant qui les entraîne en sens inverse des Commandements divins, de l'irrésistible mouvement imprimé par le Créateur à l'humanité vers sa fin ; ce mouvement, toujours subsistant, leur fait obstacle et les retarde dans leur marche, toujours agissant par ses effets qui s'accumulent, les arrête enfin et les contraint de rentrer dans la voie dont elles s'étaient détournées.

En effet, l'ensemble de ces Commandements, expression de l'éternelle et immuable volonté du Très-Haut pour la conservation, le perfectionnement et la prospérité des nations, étant *la verité, la vie et la voie* qui y conduit, l'ordre et l'harmonie par essence, toute directiou qui s'en écarte, toute progression dans une telle direction, fait naître et développe les déceptions, le désordre et la souffrance, ce sentiment qui accompagne la tendance de la nature contre ce qui lui fait obstacle, *l'effort de la vie qui se défend*, suivant M. de Maistre ; de telle sorte que, partout où se trouve la souffrance, là il y a effort et lutte entre deux forces opposées, la tension et la réaction du ressort de la vie sous la pression de l'obstacle, du mal ; et, si le mal s'étend au corps entier, s'il en pénètre et affecte toutes les parties, il appelle et détermine, dans toutes les parties ainsi courbées et surexcitées, un mouvement de répulsion commun, simultané.

Dans l'ordre physique, comme dans l'ordre moral et politique, voilà ce qui témoigne de la vie d'une manière certaine, constante et nécessaire, aux yeux de la raison humaine, car la raison humaine n'est que la vue de l'état de choses dans lequel l'homme a été établi et sa nature constituée.

Qu'était donc cette Charte que la Révolution était parvenue, avec l'aide des étrangers, à la faveur de l'obscurcissement des vrais principes politiques et par les suggestions de la flatterie, à imposer au Roi, en lui attribuant perfidement l'honneur et le mérite des droits qu'il octroyait si libéralement, en apparence, à la nation (1) ?

(1) Louis XVIII, parlant de la Charte, disait des libéraux : « Ils « veulent qu'elle soit ma mère et cependant elle est ma fille. »

Non, sans doute, la Charte n'était pas sa mère, car sa mère légitime et véritable était la Constitution française dans le sein de laquelle avait été conçue sa royauté le jour où la nation avait pro

En déclarant dans l'article 40 que « *les électeurs qui concourent à la nomination des députés ne peuvent avoir droit de suffrage, s'ils ne paient une contribution directe de 300 francs,* » elle n'était plus qu'une violation

clamé la royauté de Hugues-Capet avec l'hérédité dans sa famille, puisque c'était par cet acte de sa volonté que la France s'était placée, comme sur un fondement solide, dans la loi divine de l'hérédité pour y trouver et s'approprier la force nécessaire au développement de son existence et s'assurer la jouissance de tous les avantages résultant de cette éternelle condition de l'ordre social.

La libre acceptation par la nation de la loi naturelle et en ce sens divine de l'hérédité, tel était donc le fait vraiment générateur de la royauté de Louis XVIII, la cause d'où elle procédait logiquement et sans laquelle son avènement au trône n'aurait point eu de raison d'être.

Mais si la Charte était *sa fille*, elle n'était, il faut bien le dire, qu'une fille illégitime, née d'une violation de la Constitution nationale, d'une extension exorbitante des droits du Roi et de l'oubli, sinon du mépris du consentement du peuple. Aussi cette Charte nouvelle et *octroyée*, en posant le droit de la royauté comme la source des libertés nationales, bien loin *de renouer la chaîne des temps*, comme se le promettait son auteur, ne servit-elle qu'à introduire la division, le trouble et la défiance au sein de la nation, justement jalouse de ses antiques prérogatives et alarmée de ce principe *d'octroi* royal qui niait ses droits dans le passé et pouvait dans l'avenir menacer ses libertés qu'elle tenait de son ancienne Constitution.

Il semble donc que la Charte peut être considérée avec raison comme une atteinte grave à la Constitution française, comme une lésion profonde faite par le pouvoir lui-même à cette base de notre ordre social et par laquelle la Révolution a pu légalement s'introduire et s'établir dans le sein de la nation où son développement, en amenant l'expulsion de la Royauté légitime au profit de l'Orléanisme, a complètement dissipé, sur la nature subversive et révolutionnaire de cette institution octroyée, tous les doutes qu'aurait pu laisser dans les esprits le caractère de légitimité dont était revêtu son auteur.

manifeste de la liberté politique de chaque membre de la société française, et même dans le fond, la négation formelle de l'*Autorité* ou de l'action de l'Auteur suprême de la nature dans la Constitution française formée par l'accord du libre consentement du *Peuple* avec la Constitution du *Roi*. Elle ne présentait ni l'une ni l'autre de ces deux conditions essentielles. Elle n'était pas la Constitution du *Roi*, c'est-à-dire de l'homme public personnifiant le droit, mais bien de l'homme privé, livré dans sa faiblesse native aux illusions de l'esprit individuel ; elle n'avait pas davantage le consentement du *Peuple* dont elle ne tenait aucun compte, puisqu'elle en prononçait formellement l'exclusion.

Quelle valeur avait-elle donc et quelle était sa signification ? C'était en fait, de la part de son auteur et indépendamment de son intention « *dérober dans la sphère divine l'absolu des lois éternelles pour en revêtir sa personne* (1), » ses volontés et par conséquent les volontés et les passions des influences qui le dominaient (2). C'était se faire la source et le principe du droit et de la justice politiques dont il n'était que l'expression, le déposi-

(1) De Lourdoueix.

(2) Pendant la guerre d'Espagne le roi Ferdinand entendant une multitude fanatisée crier sous ses fenêtres : « *Viva el Rey netto,* » se retourna vers les généraux français qui étaient près de lui et leur dit : Oui, *el Rey netto !* afin qu'ils puissent faire sous mon nom toutes leurs volontés.

taire et le gardien ; c'était enfin façonner à son image, amoindrir et mutiler l'unité de la France, au lieu de l'étendre à la masse entière de la nation.

Or, dit Pascal, « *toute unité qui ne s'étend pas à la multitude n'est que tyrannie.* » Il n'est personne, en effet, qui ne comprenne que de la part du pouvoir, qui, dans une nation n'est en réalité que la collection des intérêts et le résultat du mouvement des volontés qui la composent, vouloir produire l'ordre et le bien-être, étendre et affermir sa propre domination, en supprimant, en paralysant la liberté d'action des éléments nationaux, c'est là une prétention tout à la fois impuissante, tyrannique et insensée, car elle contrarie et blesse les intérêts sans pouvoir changer leur nature et leurs tendances, opprime les volontés au lieu de les satisfaire, ruine la base sur laquelle le pouvoir repose et tarit la source de son existence.

On le voit donc, un tel gouvernement, loin d'être vraiment représentatif, c'est-à-dire l'image fidèle de la *Liberté* et de l'*Autorité* (1), le pur reflet de l'harmonie divine dans

(1) Tous les malheurs de la France sont venus de ce qu'on a séparé ces deux idées, ces deux faits inséparables ; il y a un parti pour l'autorité et un parti pour la liberté, tandis que la vie de la France est dans l'union de ces deux termes.

Les partis, en se divisant, ont jeté le sort sur la tunique de la France et s'en sont partagé les lambeaux. L'esprit national tend sans cesse à les réunir et à en reformer un vêtement sans couture.

Tous les principes doivent être purifiés de la rouille des vieux âges comme des souillures révolutionnaires.

Séparer l'ordre de l'arbitraire, le pouvoir héréditaire du despo-

les rapports sociaux, n'est plus que le point de départ ou le principe d'une direction allant en sens contraire du mouvement vital de la société, direction dont l'existence prolongée, refoulant les aspirations des intelligences, devient une source incessante de malaises et de souffrances, jusqu'à ce qu'elle succombe et disparaisse enfin, emportée par le cours toujours croissant des traditions, des idées et des volontés par lesquelles ces aspirations tendent à se réaliser.

Ainsi, dans le corps humain, la progression de la douleur par la persistance et l'aggravation du mal, détermine des convulsions violentes et un supprême effort de tout l'organisme pour se débarrasser de la substance qu'il ne peut s'assimiler.

« La Charte de 1814, dit l'abbé Fayet, portait donc dans ses flancs les semences d'une révolution qui tôt ou tard ne pouvait manquer d'éclater. Faut-il s'étonner, dès lors, que les hommes les plus intelligents de la droite n'aient reçu qu'avec répugnance cette institution élaborée sous l'influence des révolutionnaires et de l'étranger, et dont

tisme, la légitimité du droit divin, la liberté de la révolution, en un mot, épurer toutes les idées au crible de l'esprit national, faire reparaître les principes purs de tout alliage et brillants de cette jeunesse immortelle qui entoure la vérité, telle est la grande idée de la restauration sociale que poursuit la France depuis 89, et, comme un ouvrier infatigable, elle ne prendra pas de repos qu'elle n'ait accompli cette œuvre sublime.

(*De l'esprit national*, par l'abbé Fayet 1850.)

un sage historien a pu dire « qu'elle n'était qu'une ga-« rantie exigée par le gouvernement provisoire, c'est-à-« dire par M. de Talleyrand, l'empereur Alexandre et le « Sénat (1) ? »

Ils se rappelaient que Louis XVIII lui-même, dans sa *Déclaration* du 5 juillet 1795, se plaçant sur le terrain des principes monarchiques, avait reconnu l'existence d'une tradition nationale « qui était pour lui l'arche « sainte, et qui mettait le Roi lui-même dans l'heureuse « impuissance d'y rien changer. » Ils déploraient la pression fatale des circonstances qui s'imposaient à la Royauté et la forçaient d'abandonner pour une œuvre anglaise, les institutions françaises que les siècles avaient faites et pour ainsi dire consacrées (2). Enfin ils protestaient au nom de la nation et demandaient qu'elle fut consultée (3); et calculant déjà la fragilité du nouvel édifice, ils signalaient les périls de l'avenir. « La lassitude générale, « disait M. de Villèle, permettra peut-être de faire mar-« cher quelque temps cette œuvre d'égoïsme et d'impré-« voyance, mais au premier choc tout croulera et nous « rentrerons en révolution... (4).

« De son côté, le parti révolutionnaire avait compris

(1) Lubis, *Hist. de la Restauration,* t. 1, p. 36.

(2) *Lettre à l'emp. Alexandre,* par M. Marigné, secrétaire du Corps législatif.

(3) Bergasse cité par Lubis, t. 1, p. 284.

(4) *Observations sur le projet de Constitution* 1814.

toute l'importance de la situation que lui faisait la Charte, situation caractérisée par ce mot échappé à Talleyrand : « J'ai voulu préparer un ordre de choses où un évêque « assermenté pût être à l'aise. » Aussi tout le travail de ce qu'on appelait alors le parti libéral consista, pendant les 15 ans de la Restauration, à maintenir la position qu'il avait prise dans la Charte et du haut de laquelle il dominait la royauté. Il fit son mot d'ordre de cette parole du général Foy : « Toute la Charte, rien que la Charte ! » bien persuadé que le triomphe de la révolution était au bout ; et c'est ce que M. Thiers résuma avec une brutale franchise lorsqu'il écrivit dans le *National* : « Qu'il fallait « acculer la royauté dans la Charte jusqu'à l'y étouffer ; « et la tuer quand elle serait forcée d'en sortir. »

« Aujourd'hui donc, après cinquante ans d'expérience, pour tout homme qui voudra sérieusement considérer la Charte dans son principe comme dans ses développements et ses résultats, il est impossible de ne pas reconnaître la vérité de ce jugement qu'en avait porté, dès son apparition, un homme éminent de la droite : « La Charte est un « piége tendu par la Révolution, sous les pas de la mo- « narchie (1). »

(1) Comme nous sommes forcé, par le plan de notre travail, de nous en tenir aux principes généraux de cette question, nous renvoyons pour les développements aux écrits plus étendus et surtout à l'ouvrage de M. G. Véron : *La Question du XIXe siècle*, 1 vol. in-8°, chez Dentu, Paris, 1866.

III.

« Depuis les traités de 1815, l'Europe,
« comme un volcan, n'a pas cessé de
« couver et de produire des éruptions
« qui ont presque périodiquement trou-
» blé son repos.

« Delà les agitations et les réactions,
« les armées permanentes, la ruine des
« peuples, des états et des particuliers,
« les dissentions, les révoltes, les oppres-
« sions, et les terreurs qui troublent les
« puissances jusque sur leurs trônes
« ébranlés. »

(Gazette de France 1847).

Quant aux traités de 1815, il suffit d'y jeter un coup-d'œil pour reconnaître aussitôt qu'ils n'étaient qu'une nouvelle application aux diverses populations de l'Europe de la direction funeste où l'on était parvenu à entraîner la France ; que partout, dans la conduite des peuples, on consacrait de nouveau l'abandon du gouvernement des volontés immuables de Dieu pour suivre le gouvernement de la volonté arbitraire de l'homme (1) ; que dès-lors la liberté se trouvait sans garantie et le pouvoir sans règle et sans frein, puisque, dans un tel système, les Rois se faisant la source et le principe de la justice et du droit, pouvaient, sans faillir, proclamer et mettre en pratique une autre justice et d'autres droits que ceux qui sont gravés dans la consience humaine et qui sont aperçus à l'aide de cette lumière *éclairant tout homme venant en ce monde.*

Aussi, vit-on ces souverains, pour sauver leurs trônes menacés, faire appel au dévouement des peuples, au nom de la justice et du droit, puis venir ensuite, aveuglés par l'orgueil et dans l'enivrement de la victoire, décréter sans

(1) Pour tout homme qui veut sérieusement se rendre compte de l'état des choses, c'est l'adoption de cette pratique qui constitue l'unique base de l'établissement qu'on s'efforce d'accréditer et de faire prévaloir aujourd'hui parmi nous sous le titre pompeux de *Droit nouveau* et qui n'est, au fond, que le *Tort ancien ou le mal primitif*, *l'erreur principe*, c'est-à-dire l'orgueil de l'homme voulant s'égaler à Dieu en cherchant son bonheur en lui-même par une déviation de la direction tracée à la marche de l'humanité par les commandements divins pour la conduire à sa fin. Acceptée et suivie par les gouvernements chargés de veiller au salut des peuples, cette déviation ou cette voie nouvelle est évidemment la Révolution triomphante, sans cesse grossie par l'affluent de toutes les mauvaises passions et débordant sur le monde entier, emportant toutes les digues de l'ordre social, détruisant les nationalités, faisant disparaître tous les droits et ne cessant d'étendre partout ses ravages, jusqu'à ce qu'elle vienne enfin se briser contre les dernières limites opposées par Dieu à la puissance de l'homme c'est-à-dire contre les lois fondamentales de tout ordre social, *Hùc usquè venies et hìc confringes tumentes fluctus tuos.*

scrupule et sanctionner solennellement, au nom de la Sainte-Trinité, « l'humiliation et l'oppression de ces mê- « mes peuples divisés par le tranchant du glaive, partagés « comme de vils troupeaux, livrés à des maîtres étrangers « par l'arbitraire et la violence (1). »

« Les traités de 1815, dit encore l'abbé Fayet, furent le triomphe de la force et la réaction de l'Europe irritée. Mais l'Europe qui avait pris les armes au nom du droit violé ne sut point se contenir dans sa victoire, et méconnut elle-même le principe du droit qu'elle prétendait restaurer.

« Le roi Louis XVIII, malgré les difficultés de sa position, entreprit de modérer l'entraînement des vainqueurs, et il rédigea de sa main des instructions pour son plénipotentiaire au Congrès de Vienne; elles reposaient sur ce principe « que la conquête et la possession violente ne « donnent aucun droit, si elles ne sont sanctionnées vo- « lontairement par une renonciation ou par un traité. » Il prit la défense de la Saxe menacée déjà par les convoitises de la Prusse, et déclara qu'il ne sanctionnerait jamais la cession de cette monarchie. Son ministre, M. de Talleyrand exposa, par ses ordres, au Congrès, que la confiscation étant bannie du code des nations éclairées, ne pouvait, au dix-neuvième siècle, faire partie du droit public; que

(1) Discours de M. de Genoude à la Chambre des Députés. — 3 février 1847.

les Saxons ne s'affectionneraient jamais à la dynastie nouvelle à qui on voulait les donner, et que cette injustice serait peut-être l'étincelle qui allumerait un vaste incendie en Allemagne (1).

« Cette politique vraiment française allégea nos malheurs, en faisant reculer les vainqueurs sur quelques-unes de leurs prétentions, mais elle ne put, malheureusement pour l'Europe, prévaloir dans les conseils de souverains égoïstes. Au beau rôle de réparateurs, ils préférèrent celui de conquérants. Ils jetèrent leur épée dans la balance où devait surtout peser le droit. Lorsqu'il fallut régler les indemnités, ce ne fut point par territoires, mais par âmes que l'on compta. » Triste spéculation ! dit un historien, « où le plus souvent on se distribua les populations comme « des troupeaux (2) ! »

« Les petits Etats de l'Allemagne furent sacrifiés et dépouillés selon les convenances, les parentés et les intérêts des grandes puissances. La justice, la possession furent méconnues et violées sans pudeur.

« Ainsi furent posés par ceux-mêmes qui se disaient et qui devaient être les gardiens des idées du droit, les prin-

(1) *Hist. de la Restaurat.* par un homme d'État.

(2) « Un marché s'ouvre, on y amène les nations la corde au cou ; « on les palpe, on les pèse, on les fait courir et marcher ; elles « valent tant ! » — *Paroles d'un Croyant*, ch. 30. — C'est ainsi que Lamenais rappelait les fautes du passé pour enflammer les passions contemporaines.

cipes funestes de la violence et du machiavélisme. Et c'est là qu'il faut remonter pour trouver la cause de toutes les complications depuis cinquante ans et des pratiques de ce qu'on appelle le droit nouveau. Les peuples, en effet, se sont agités et ont réagi contre ces faits perturbateurs de leurs traditions. L'esprit révolutionnaire a exploité ce malaise et ce mécontentement pour fomenter des troubles et les faire tourner à son profit. Et aujourd'hui encore, c'est en suivant les mêmes errements que l'ambition prussienne détruit à son profit les petites nationalités allemandes, et ne reconnaît d'autre droit que celui de la force et de la conquête (1).

Oui, on ne saurait trop le répéter :

« Les traités de 1815 sont le plus grand abus de la force « et de la conquête que le soleil ait jamais éclairé, au mo- « ment où l'Europe prétendait punir et réparer les attein- « tes portées par Napoléon à l'indépendance des peuples.

(1) Nous sommes heureux de citer ici l'opinion d'un écrivain dont personne ne contestera l'autorité : « Il y a des doctrines qui « tendent à réunir malgré eux des Etats jusqu'à présent séparés, « qui, voulant constituer à nouveau les nationalités, prétendent « régler les limites des Etats d'après la similitude des langues. A cet « égard, l'Europe semble céder à un entraînement dont on ne sau- « rait rechercher avec trop de soin la cause et le remède. Le règne « de la force, propagé par les longues guerres de la Révolution « française, et consolidé, nonobstant la répugnance des popula- « tions, par les traités de 1815, est la principale cause de ce désor- « dre ; il a singulièrement désorganisé les relations internationa- les. » — *La Réforme sociale,* par M. Le Play, 2e vol. p. 176, in-18. Paris, 1866.

« Les traités de 1814 et de 1815 ont été une œuvre « anti-sociale et par conséquent souverainement injuste ; « ils ont sacrifié les principes aux intérêts.

« Ils ont mis partout une révolution en face d'un gou- « vernement et jeté les sociétés dans des luttes incessan- « tes (1). »

En effet, par sa persistance à poursuivre sa marche hors de l'unique voie de salut tracée à l'humanité par la loi divine, *l'Autorité*, qui n'avait été instituée que pour y maintenir et diriger les peuples en les protégeant contre la violence des passions, non-seulement avait perdu tout son prestige et sa force d'attraction, mais encore était devenue un prétexte et une excitation permanente à la malice du cœur humain dont elle devait être le frein, et elle n'exerçait plus son action dans la société, que « com- « me ces rouages puissants qui, dans la mécanique, font « mouvoir un autre rouage dans lequel ils s'engrènent, « en sens inverse de leur impulsion (2). » *Et nunc reges intelligite, erudimini qui judicatis terram.*

Comment ne pas voir dès-lors tous les éléments du corps social, les individus qui le composent, ainsi privés de leur force concentrique et livrés sans contre-poids à leur égoïsme et à l'entraînement des passions, au lieu de converger vers l'unité, diverger dans toutes les directions,

(1) Discours de M. de Genoude, 3 février 1847.

(2) M. de Lourdoueix. — *Le dernier mot de la Révolution.*

se repousser, se combattre, et partout, à la paix, à l'ordre, à l'harmonie succéder le trouble, le désordre, le chaos et l'anarchie, suivant cette pensée de Pascal : *Toute multitude qui ne se réduit pas à l'unité n'est que confusion?*

Aussi, quand par suite d'une telle déviation longtemps prolongée, le mal s'est étendu au corps social tout entier, qu'il a porté ses ravages jusque dans ses parties les plus profondes, au point que son existence morale et matérielle se trouve menacée, « *alors des rancunes furieuses s'amassent au cœur des populations* et montent avec une irrésistible puissance portées par le flot des générations *(sicut sagittæ in manu potentis, ita filii excussorum), toutes les idées de bouleversement se font jour dans les imaginations irritées et assombries ; le sentiment du droit et de la justice,* inhèrent au cœur de l'homme, chaque jour plus profondément blessé, *se change en un désir aveugle et passionné* de faire *irruption dans le gouvernement par la force brutale.* . . . . . .

. . . . *les souffrances des masses, leur exploitation par un égoïsme sans intelligence* et sans entrailles, *l'aspect des périls du pays et de sa décadence révoltent toutes les âmes; et tous ces éléments, fermentant à la fois,* sous la pression des entraves accumulées contre sa liberté d'action, *ouvrent le cratère d'une de ces révolutions qui bouleversent la société* (1) » jusqu'à

1) *Gazette de France* parlant de la réforme 1844.

ce que, parvenue sanglante et mutilée aux dernières limites opposées par Dieu à la puissance de l'homme, toutes les résistances au mouvement social étant brisées par l'antagonisme des intérêts et les luttes des partis, toutes les préventions, les erreurs et les illusions étant dissipées, la mesure des crimes et des iniquités, avec le cortége de tous les maux qui les suivent, étant comblée ; *tout en un mot, étant consommé, la terre entière tremble, les rochers eux-mêmes se fendent,* la vérité enfin brille et *attire tout à elle,* par cet instinctif mouvement, ce subit élan qui, dans les angoisses de la douleur, entraîne, pousse, presse, rassemble et confond les masses dans un commun effort pour fuir l'abîme et se soustraire au néant. Car, quand l'homme ne veut pas *comprendre,* prendre avec lui le flambeau de l'intelligence pour diriger sa conduite en éclairant au loin ses pas, voir les effets dans leurs causes, avant qu'ils se produisent, *il sent;* les déceptions et les souffrances que lui font éprouver les obstacles auxquels il se heurte sur sa route sont un avertissement et une faveur de Dieu, et ainsi ses souffrances deviennent le dernier bienfait et la suprême ressource tenus en réserve par la miséricorde divine pour l'arrêter sur le bord de l'abîme et le rappeler à la vie, *in camo et freno maxillas eorum constringe qni non approximant ad te.* (Psaume 31).

Dans l'ordre sensible, comme dans l'ordre supérieur, dit M. de Maistre, *la loi est la même et aussi ancienne que le mal; le remède du désordre sera la douleur.* (1).

C'est ce résultat, avec les phases diverses des évolutions accomplies à travers les siècles par l'humanité, dans l'enceinte réservée à sa liberté, au milieu de l'immutabilité des lois divines, que décrivait l'auteur de *la Vérité universelle*, lorsqu'il disait : « Quelquefois les aggrégations « d'hommes qui occupent la tête de la marche se trom« pent et perdent la voie, et il se fait au sein de ces « aggrégations un travail violent où les opinions et les « volontés sont en conflit. On s'arrête, on résiste, on « s'agite sur place jusqu'à ce qu'on entende derrière soi « les masses qui s'approchent. Alors il faut se résoudre à « marcher ; malheur aux indécis et aux infirmes ; ils « seront écrasés par la foule qui vient lentement, mais ne

(1) Dans la condition actuelle de l'humanité, pour l'homme qui ne marche pas éclairé par la lumière de la raison, on peut dire que la souffrance ou le sentiment de la douleur est comme le bâton mis dans la main de l'aveugle pour explorer sa route, comme une sentinelle vigilante attachée à son service dès son entrée en ce monde, sans cesse attentive à veiller à sa conservation, en marchant devant lui pour lui prodiguer ses avertissements, soutenir et diriger ses pas à travers les obstacles, l'aider à se relever de ses chutes, l'arrêter sur le bord de l'abîme et le ramener dans les sentiers de la vie, quand il s'en écarte. Et ainsi, son mal le plus sensible, en apparence, se trouve en quelque sorte son plus grand bien, puisqu'il peut contribuer, plus que toute autre chose, à lui faire chercher et trouver sa véritable guérison, en lui offrant tout à la fois une satisfaction et un remède efficace à ses erreurs et aux fautes qu'il a commises, ainsi qu'un préservatif puissant contre les erreurs et les fautes qu'il pourrait commettre.

« s'arrête pas. C'est quelque chose de pareil au passage
« de la Bérésina; le désordre se met dans les mouvements
« sans que le but final soit abandonné ; la confusion ap-
« paraît un moment, mais la colonne se fait une issue ;
« les catastrophes particulières qui ont ensanglanté sa
« marche, n'ont pu changer sa direction. . . . .
. . . .

Et ailleurs : « La sagesse divine qui a établi l'ordre des
« choses humaines est si admirable, que les lois morales
« triomphent même par ceux qui les ont violées, quand
« les *bons* manquent à les défendre . . . .
« . . . . Il arrive toujours, en effet, parmi les mé-
« chants des conflits de passions, des discordes et des
« divisions qui forcent les uns à invoquer contre les autres
« les lois du bien qu'ils avaient violées en commun. . . .
. . . . « Lorsqu'ils sont parvenus à faire
« de l'insurrection triomphante le principe de la souve-
« raineté, les idées de révolte, de défection et de trahison
« sont mises en honneur ; les idées d'obéissance, de fi-
« délité, de loyauté sont flétries ; les hommes qui appar-
« tenaient aux premières sont glorifiés et recompensés,
« ceux qui appartenaient aux secondes sont punis et hu-
« miliés. Et, comme tous ces faits amènent pour consé-
« quence de nouvelles rébellions, les hommes d'insur-
« rection devenus hommes de gouvernement par la
« conquête du pouvoir, sont obligés de flétrir et de punir

« dans les autres ces idées de révolte qui sont récompen-
« sées et glorifiées en eux, sans pouvoir cependant ac-
« corder aux hommes de fidélité et de soumission que
« la rébellion soit un crime, que la fidélité et la soumission
« soient des vertus . . . , ...

. . . . « Alors apparaissent les effets de la di-
« vine sagesse; la lumière commence à se faire dans les
« intelligences ; les hommes de désordre se divisent, s'en-
« tretuent comme les Bructères dont parle Tacite ; puis
« ils sont tout-à-coup frappés d'impuissance. Leurs pas-
« sions se neutralisent les unes par les autres, un inex-
« plicable vertige trouble leurs conseils et enchaîne leurs
« mouvements; le monde se rit d'eux et se dégage sans
« effort de leur pouvoir qui avait été supérieur à celui
« des Rois. »

C'est ainsi que la sagesse divine, pour ramener les hommes dans la voie de ses Commandements, sait faire servir la malice même de ceux qui s'en détournent ; « que les « guerres et les révolutions, qui sont des résultats de la « liberté humaine, entrent comme développements de la « civilisation universelle (1) ; » que, suivant l'expression de l'Ecriture : *il s'élève du milieu des œuvres d'iniquité un feu qui les dévore,* et que : « la sagesse de Dieu se « manifeste bien plus encore dans la victoire des mé-

(1) De Lourdoueix. — *De la Vérité universelle.*

« chants que dans la victoire des bons. Quand les mé-
« chants sont vaincus par les hommes, on peut ne voir
« dans leur défaite que la supériorité d'une volonté hu-
« maine sur une autre volonté, d'une force matérielle sur
« une autre force ; *mais quand victorieux des hommes,*
« *leur confusion et leur perte naissent de leur triomphe*
« *même, quand ils épuisent vainement pour conserver*
« *le pouvoir toutes les ressources du talent et de l'ha-*
« *bileté, tous les expédients de l'astuce et de la ruse,*
« *lorsqu'enfin l'édifice qu'ils ont élevé hors de la vérité*
« *et de la logique se dissout par ses propres vices et*
« *les écrase sous ses ruines;* » c'est l'impuissance et le néant de l'homme qui se dévoilent à tous les regards, c'est le dernier terme du *Droit nouveau* ou le fond de l'abîme qui apparaît avec ses lueurs sinistres et contraint la société frappée d'épouvante à se réfugier dans les hautes régions de l'ancien droit d'où elle avait été entraînée ; « c'est Dieu lui-même qui est glorifié dans son
« Verbe, c'est l'immutabilité, la divinité de ses lois qui est
« mise en lumière ; c'est sa sagesse qui éclate aux yeux du
« monde (1) »

Si nous voulons donc que notre liberté ne s'exerce pas dans les ténèbres, ne nous laissons point ébranler par tout ce qui se passe sous nos yeux et gardons-nous du

(1) De Lourdoueix. — *De la Vérité universelle.*

doute, il nous serait funeste ; comme saint Pierre marchant sur les eaux, nous sentirions nos pieds s'enfoncer à mesure que le doute gagnerait nos âmes. Lors même que l'on viendrait nous dire : *Le salut est ici, ou bien il est là,* n'en croyons rien ; mais plutôt affermissons-nous dans notre foi, demeurons inébranlables sur le terrain des principes ; c'est là seulement que nous serons toujours à la hauteur des aspirations de l'humanité, toujours de plain-pied avec les événements quels qu'ils soient, que nous pourrons assister avec une entière sécurité au grand spectacle de la justice de Dieu qui passe, et nous réjouir dans l'attente du triomphe et du salut que sa miséricorde nous prépare.

Verumtamen oculis tuis considerabis et retributionem peccatorum videbis. (Psaume 90).

Et exultabit spiritus meus in Deo salutari meo. (Mag.).

ANSELME BUCHER DE CHAUVIGNÉ.

Château-Gontier, le 8 février 1867.

Laval. — Imp. de MARY-BEAUCHÊNE.

www.ingramcontent.com/pod-product-compliance
Ingram Content Group UK Ltd.
Pitfield, Milton Keynes, MK11 3LW, UK
UKHW021530260726
13993UKWH00004B/1909

9 782329 152226